ORDONNANCE DU ROI,

Portant création de huit Régimens, sous la dénomination de Corps-royal de Marine.

Du 18 Février 1772.

DE PAR LE ROI.

SA MAJESTÉ s'étant fait rendre compte de la situation des Brigades d'Artillerie, créées par Ordonnance du 5 novembre 1761, pour le service de sa Marine, & des changemens qui y ont été faits successivement, Elle auroit reconnu que ce corps de Troupes, dont l'expérience a prouvé l'utilité, rempliroit encore mieux ses vues, s'il étoit assez nombreux pour faire seul le service qu'il partage aujourd'hui avec les

A

autres régimens de son Infanterie, & pour y employer tous les Officiers de sa Marine. Ce nouvel ordre a paru d'autant plus convenable à Sa Majesté, que, par ce moyen, son Infanterie se trouvera déchargée du service auquel elle a été assujettie dans les ports & à bord des vaisseaux, depuis la suppression des Compagnies franches, originairement établies pour cet objet, & qui ne peut être rempli qu'imparfaitement par des Troupes qui n'ont qu'une destination passagère & momentanée: Sa Majesté remédiera en même temps à l'inconvénient qui peut résulter du mélange de différentes Troupes affectées au même service, & de la diversité des commandemens: Enfin, en donnant aux Officiers de sa Marine une occupation qui maintiendra parmi eux une exacte discipline pendant le temps qu'ils seront à terre, Sa Majesté leur procurera l'avantage précieux de former eux-mêmes les Troupes avec lesquelles ils doivent combattre, & de leur inspirer cette confiance si nécessaire pour animer & soutenir la valeur du soldat. C'est dans des vues si utiles au bien de son service, qu'Elle a résolu d'augmenter le Corps-royal d'Artillerie, sous la dénomination de *Corps-royal de Marine*, de manière qu'il soit en état de remplir tout le service nécessaire, tant pour la garde, la sûreté & la police de ses ports & arsenaux, qu'à bord de ses vaisseaux & autres bâtimens dont Elle ordonnera l'armement: Elle partagera ce Corps en huit régimens, qui seront distingués par les noms des principaux ports, & dans lesquels tous les Officiers de la Marine seront répartis suivant leurs grades, en supprimant celui de Capitaine de frégate, rétabli par l'Ordonnance du 14 septembre 1764, qui n'entre point dans cette nouvelle composition. Les mêmes motifs qui ont déterminé Sa Majesté à faire la division du Corps de la

18. février 1771.

3

Marine en régimens, pour y entretenir des objets d'émulation, l'ont portée à diviser également ſes vaiſſeaux & autres bâtimens, & à en affecter une partie à chaque régiment; afin que tous les Officiers de ſa Marine, appelés à concourir à la conſervation des inſtrumens de leur gloire, puiſſent veiller à l'entretien & aux réparations des vaiſſeaux confiés à leurs ſoins, & trouver même dans le repos les moyens de donner à Sa Majeſté des preuves de leur zéle. A quoi Sa Majeſté voulant pourvoir, Elle a ordonné & ordonne ce qui ſuit:

ARTICLE PREMIER.

LE Corps - royal de Marine ſera à l'avenir partagé en huit diviſions, qui ſeront diſtinguées ſous la dénomination de régimens de *Breſt*, de *Toulon*, de *Rochefort*, de *Marſeille*, de *Bayonne*, de *Saint-Malo*, de *Bordeaux*, & du *Havre*.

2.

CHACUN deſdits régimens ſera compoſé de deux bataillons, & chaque bataillon de neuf compagnies, dont une de Bombardiers, une de Canonniers, & ſept de Fuſiliers.

3.

LES Gardes du Pavillon & de la Marine ſeront diviſés en huit compagnies, compoſées chacune de dix Gardes du Pavillon & de trente Gardes de la Marine, dont deux Brigadiers & deux Sous - brigadiers: il y aura à chaque compagnie deux Tambours; & il ſera affecté à chaque régiment une deſdites compagnies, laquelle aura le pas ſur toutes les autres.

A ij

4.

LA compagnie des Gardes du Pavillon & de la Marine de chaque régiment, sera commandée par un Capitaine, un Lieutenant & un Sous-lieutenant.

5.

CHACUNE des compagnies de Bombardiers, de Canonniers & de Fuſiliers, ſera commandée par un Capitaine, un Lieutenant en premier, un Lieutenant en ſecond, un Sous-lieutenant en premier, & un Sous-lieutenant en ſecond.

6.

LES compagnies de Bombardiers & de Canonniers, ſeront compoſées chacune de ſoixante-dix-neuf hommes; ſavoir, un Fourrier, quatre Sergens, quatre Caporaux, quatre Appointés, ſoixante-quatre Bombardiers ou Canonniers, dont trente-deux de la première claſſe, & trente-deux de la ſeconde, & deux Tambours.

7.

IL ſera formé dans chaque compagnie, quatre eſcouades, compoſées chacune de dix-huit hommes, dont un Caporal, un Appointé, huit Bombardiers ou Canonniers de la première claſſe, & huit Bombardiers ou Canonniers de la ſeconde. A chacune deſdites eſcouades ſera attaché l'un des quatre Sergens, qui en rendra compte tous les jours aux Sous-lieutenans, les Sous-lieutenans aux Lieutenans, les Lieutenans au Capitaine & au Major, ceux-ci au Commandant de bataillon, & le Commandant de bataillon au Colonel du régiment.

1. février 1772.

5

8.

LES compagnies de Fuſiliers ſeront compoſées chacune de ſoixante-dix-neuf hommes ; ſavoir, un Fourrier, quatre Sergens, quatre Caporaux, quatre Appointés, ſoixante-quatre Fuſiliers, & deux Tambours.

9.

LESDITES compagnies ſeront diviſées en quatre eſcouades, chacune de dix-huit hommes, dont un Caporal, un Appointé, & ſeize Fuſiliers. A chacune deſdites eſcouades ſera attaché l'un des quatre Sergens, lequel rendra compte tous les jours aux Sous-lieutenans, & ainſi de grade en grade juſqu'au Colonel, comme il a été dit pour les compagnies de Bombardiers & de Canonniers.

10.

LES bas Officiers, Bombardiers, Canonniers & Fuſiliers actuellement exiſtans des trois brigades du Corps-royal d'Artillerie & d'Infanterie de la Marine, ſeront diſtribués dans chacune des compagnies de Bombardiers, de Canonniers & de Fuſiliers des huit régimens, & placés à la tête deſdites compagnies.

11.

L'ÉTAT-MAJOR de chacun des régimens, ſera compoſé d'un Colonel, de deux Commandans de bataillons, d'un Major de Marine, d'un Major d'Infanterie, de quatre Aides-major, & de deux Sous-aides-major, de deux Quartiers-maîtres, de quatre Porte-drapeaux, d'un Aumônier, d'un Chirurgien-major, & d'un Tambour-major.

12.

LES places de Colonel ſeront remplies par des Chefs-

6

d'escadre ; celles de Commandans de bataillons, de Major
de Marine & de Major d'Infanterie, par des Capitaines de
vaisseaux ; celles d'Aides-major, par des Lieutenans de vaisseaux ;
& celles de Sous-aides-major, par des Enseignes de vaisseaux :
les Quartiers-maîtres & les Porte - drapeaux seront tirés du
Corps des Fourriers & Sergens, & ils auront rang de derniers
Sous-lieutenans.

13.

LES places de Capitaines des compagnies des Gardes
du Pavillon & de la Marine, ainsi que celles des compagnies
de Bombardiers, Canonniers & Fusiliers seront remplies par
des Capitaines de vaisseaux, les Lieutenances par des Lieutenans de vaisseaux, & les Sous-lieutenances par des Enseignes
de vaisseaux.

14.

LES Capitaines de brûlots, Lieutenans de frégates, Aides-
de-port & Capitaines de flûtes, seront répartis dans les huit
régimens, & attachés à la suite d'iceux.

15.

LES places vacantes d'Officiers d'un grade supérieur à
celui d'Enseigne de vaisseau, ne pourront être remplies que
par des Officiers du même régiment ; & à l'égard des Enseignes,
ils seront pris indistinctement parmi les Gardes du Pavillon
& de la Marine, à quelque régiment qu'ils soient attachés,
& parmi les Aides-de-port.

16.

LES Quartiers-maîtres & les Porte - drapeaux de chaque
régiment, seront choisis par le Major d'Infanterie, parmi les
Fourriers & Sergens du même régiment, & proposés à Sa
Majesté par le Colonel.

7

17.

SE réserve Sa Majesté de choisir deux Officiers parmi les Capitaines de ses vaisseaux, ou même parmi les Officiers généraux de sa Marine, pour remplir dans chacun des départemens de Brest & de Toulon, l'un les fonctions de Major général de Marine, & l'autre celles de Major général d'Infanterie de tous les régimens qui seront en garnison dans chaque département; lesquels Majors généraux ne rendront compte qu'au Commandant du département.

18.

DANS le cas où le Major de Marine ou d'Infanterie de l'un desdits régimens, seroit choisi pour remplir les fonctions de Major général de Marine ou d'Infanterie, il sera suppléé dans celles de Major du régiment auquel il restera attaché, par un Major en second de Marine ou d'Infanterie, lequel sera pris parmi les Lieutenans de vaisseaux.

19.

LESDITS régimens n'auront entr'eux d'autre rang que l'ancienneté des Colonels; & où ils se trouveroient dans le cas de marcher ensemble en corps ou par détachemens, le commandement appartiendra au grade supérieur, &, à grade égal, à l'ancienneté de commission.

20.

IL sera incessamment fait une répartition par égales portions entre les huit régimens du Corps-royal de Marine, des vaisseaux, frégates, corvettes & autres bâtimens de Sa Majesté, lesquels demeureront affectés à chaque régiment.

A iiij

2 1.

IMMÉDIATEMENT après ladite répartition & la remise au Colonel de chaque régiment, des vaisseaux & autres bâtimens qui lui seront destinés, l'Intendant du département fera remettre audit Colonel les inventaires & les effets d'armement & ustensiles appartenans à chacun desdits vaisseaux & bâtimens; & au Major de Marine dudit régiment, les clefs des magasins particuliers desdits vaisseaux & autres bâtimens qui seront dorénavant à leur garde.

2 2.

IL sera dressé procès-verbal de la remise qui aura été faite du Corps desdits vaisseaux & autres bâtimens, & des effets en dépendans, lequel sera signé par le Colonel, les Commandans de bataillons & le Major de Marine, pour la décharge du Capitaine de port & du Garde-magasin.

2 3.

LES vaisseaux & autres bâtimens qui auront été confiés à chaque régiment, porteront à la mer une flamme distinctive en la manière qui suit :

S A V O I R ;

Les bâtimens confiés au régiment de Brest . . . *Flamme rouge.*

Ceux du régiment de Toulon. . . . . *bleue.*

Ceux du régiment de Rochefort. . . . . *rouge & blanche.*

Ceux du régiment de Marseille. . . . . *rouge & bleue.*

Ces quatre flammes seront à la tête du mât d'artimon.

9

Ceux du régiment de Bayonne. . . . . *Flamme rouge.*

Ceux du régiment de Saint-Malo. . . . . . . *bleue.*

Ceux du régiment de Bordeaux. . . . . *rouge & blanche.*

Ceux du régiment du Havre. . . . . *rouge & bleue.*

Ces quatre flammes seront à la tête du mât de misaine.

24.

LE Commandant du département aura sous ses ordres tous les régimens du Corps-royal de Marine qui y seront en garnison; &, en son absence, le plus ancien des Officiers commandant les régimens, commandera à sa place, jusqu'à ce qu'il y ait été pourvu par Sa Majesté.

25.

LE Major de Marine de chaque régiment, sera chargé de veiller à l'exécution du service & des travaux relatifs aux vaisseaux & autres bâtimens confiés au régiment.

26.

LE Major d'Infanterie de chaque régiment, remplira toutes les fonctions attribuées aux Majors des autres régimens de Sa Majesté; il aura, sous les ordres du Colonel, la police de tout ce qui concerne le service de l'Infanterie, la tenue & la discipline de la Troupe, & l'administration de la Caisse.

27.

LES Aides-major & Sous-aides-major seront employés aux détails attribués aux Majors de Marine & d'Infanterie, suivant la destination qui leur sera donnée par le Colonel. A l'égard des Quartiers-maîtres & Porte-drapeaux, ils aideront les Majors d'Infanterie dans toutes les fonctions de leur emploi.

A v

28.

EN cas d'abſence du Major général de Marine, ſes fonctions ſeront remplies par le plus ancien des Majors de Marine : Il en ſera uſé de même en l'abſence du Major général d'Infanterie, dont les fonctions ſeront remplies par le plus ancien des Majors d'Infanterie. En pareil cas, les Majors de Marine ou d'Infanterie de chaque régiment ſeront ſuppléés, chacun dans leurs fonctions, par le plus ancien des Aides-major du régiment.

29.

LE Commandant du port fera chaque jour une répartition de ſervice à tous les régimens. Les Majors généraux, chacun pour ce qui les concerne, prendront l'ordre dudit Commandant, & le feront paſſer aux Colonels, pour être diſtribué aux Officiers de chaque régiment.

30.

LES ouvrages de conſtructions, refontes & radoubs des vaiſſeaux de guerre du premier rang, juſques & compris ceux de cinquante canons, ſeront exécutés ſous la conduite d'un Capitaine du régiment à qui auront été confiés leſdits vaiſſeaux; & en outre, d'un Lieutenant & d'un Enſeigne, même d'un plus grand nombre, s'il eſt jugé néceſſaire; ceux des bâtimens au-deſſous, ſous la conduite d'un Lieutenant & d'un Enſeigne de vaiſſeau au moins; & leſdits Officiers entreront dans le parc, & en ſortiront en même temps que les ouvriers.

31.

LES Officiers énoncés en l'article précédent, aſſiſteront tous les jours aux appels des ouvriers, & en certifieront le ſoir un extrait, ainſi que l'état des matières employées ou

11

apportées au chantier ou à bord du vaisseau pendant la journée, lesquels état & extrait signés par eux & par le Sous-commissaire de la Marine, seront remis à l'Intendant. Le Capitaine ou le Lieutenant remettra au Commandant du régiment, un extrait & un état pareils, pour être tenu par le Major de Marine un compte exact de la dépense par mois de chaque vaisseau.

32.

IL sera commandé chaque jour, autant que le besoin du service l'exigera, des détachemens de Bombardiers, Canonniers & Fusiliers pour tous les travaux & manœuvres du port, relatifs au service de l'Artillerie & à l'entretien des vaisseaux, ainsi qu'à leur gréement, armement, amarrage & autres opérations; & il marchera avec ces détachemens le nombre d'Officiers & Sergens proportionné à leur force.

33.

IL sera détaché, en conséquence des ordres du Commandant du port, des Officiers pris alternativement dans les différens régimens, pour veiller à la discipline & à l'instruction des Apprentifs-canonniers; & sera au surplus l'Ordonnance du 5 novembre 1766, portant création des compagnies d'Apprentifs-canonniers, exécutée en tout ce qui n'est point contraire à la présente Ordonnance.

34.

LES Colonels des régimens rendront compte chaque jour au Commandant du département, de tout ce qui pourra intéresser la police & la discipline de leur régiment & l'exécution des ordres dont ils auront été chargés.

35.

ENJOINT Sa Majesté aux Colonels des régimens, de

rendre compte, aux 1.ᵉʳ Mars & 1.ᵉʳ Septembre de chaque année, au Secrétaire d'État ayant le département de la Marine, de la conduite & du mérite de chaque Officier; & le Commandant du département l'informera, de son côté, & dans le même temps, de ce qui concernera lesdits Colonels & les Majors généraux.

36.

LES Majors de Marine de chaque régiment, tiendront un registre exact des services particuliers de chaque Officier de leur Corps, & de leur tour à aller à la mer, lequel registre ils seront tenus de représenter aux Colonels toutes les fois qu'ils en seront requis.

37.

LES huit régimens du Corps-royal de Marine, seront dans les ports le même service que les bataillons d'Infanterie qui y étoient destinés; & néanmoins les compagnies de Bombardiers & de Canonniers ne monteront la garde qu'une fois, tandis que celles de Fusiliers la monteront deux fois. Les Lieutenans & Enseignes de vaisseaux monteront la garde chacun à leur tour; & à l'égard des Capitaines de vaisseaux, ils en seront dispensés, ainsi que de tout exercice, & ils ne seront obligés d'être à la tête de leur Troupe, que lorsque tout le régiment prendra les armes : Entend toutefois Sa Majesté qu'il y ait toujours un Capitaine de vaisseau de garde à l'Amiral pendant le jour & pendant la nuit.

38.

LES détachemens de Bombardiers , Canonniers & Fusiliers, embarqués sur les vaisseaux & autres bâtimens de Sa Majesté, feront à la mer, savoir, les Bombardiers & Canonniers, ainsi que les Sergens & Caporaux des com-

13

pagnies de Fusiliers, le service de premiers, seconds ou Aides-
canonniers, lorsqu'ils en auront obtenu le mérite; & les
Fusiliers serviront à la garnison des vaisseaux, ainsi qu'il est
prescrit par le Règlement du 25 mars 1765, concernant les
équipages; & les Bombardiers & Canonniers qui n'auront
pas le mérite d'Aides-canonniers, seront employés comme
Canonniers-servans, & mis dans la classe des Matelots.

39.

LE service à la mer sera, autant qu'il sera possible, réparti
également à chacun des régimens; & l'État-major de chaque
vaisseau, frégate & autres bâtimens dont l'armement aura
été ordonné, sera composé d'Officiers du même régiment:
il en sera usé de même pour les détachemens des Gardes
du Pavillon & de la Marine, sans que, sous quelque prétexte
que ce soit, il puisse être employé dans le même vaisseau
des Officiers ni des Gardes du Pavillon & de la Marine de
différens régimens.

40.

IL sera nommé chaque année par Sa Majesté deux Officiers généraux de la Marine pour inspecter les ports, les
arsenaux & les troupes, lesquels seront chargés en même
temps d'inspecter les Maîtres - canonniers entretenus, les
Apprentifs-canonniers, les magasins & arsenaux pour ce qui
concerne l'approvisionnement & la conservation des muni-
tions & marchandises qui y sont rassemblées; à l'effet de
quoi ils recevront tous les ans des instructions particulières
de Sa Majesté, & ils règleront le nombre des congés des
Soldats dont l'engagement sera expiré, ceux de réforme &
de demi - solde. Veut Sa Majesté qu'ils jouissent, pendant
leur séjour dans les ports, des honneurs accordés aux Officiers généraux employés.

41.

LE grade de Capitaine de frégate, rétabli par l'Ordonnance du 14 septembre 1764, sera & demeurera supprimé; se réservant Sa Majesté de pourvoir du grade de Capitaine de vaisseau, ceux des Capitaines de frégate qu'Elle jugera à propos, sans néanmoins aucune augmentation d'appointe-mens, lesquels demeureront fixés à deux mille livres pour tous les Capitaines de ses vaisseaux; se réservant pareille-ment Sa Majesté de distribuer, à titre d'augmentation de traitement, la somme de cent vingt-quatre mille livres à ceux d'entre lesdits Capitaines de vaisseaux qui l'auront mérité par l'ancienneté ou la nature de leurs services, en telle sorte que leurs appointemens puissent être portés jusqu'à la somme de trois mille six cents livres.

42.

LES Officiers desdits régimens, jouiront des appointemens attribués à leurs grades dans la Marine, & les Gardes du Pavillon & de la Marine, de leur solde ordinaire. A l'égard des Quartiers-maîtres, Porte-drapeaux, Aumôniers & Chi-rurgiens-majors établis par la présente Ordonnance, ils seront payés sur le pied; savoir:

	Par jour.	Par mois.	Par an.
A chaque Quartier-maître...............	2^l 10^s 0^d	75^l	900^l
A chaque Porte-drapeau................	2. // //	60.	720.
A chaque Aumônier....................	1. 13. 4	50.	600.
A chaque Chirurgien-major.............	3. 6. 8	100.	1200.

43.

LES supplémens d'appointemens réglés pour les Officiers énoncés ci-après, & la solde, seront payés auxdits huit régimens;

18. Février 1772

15

SAVOIR:

OFFICIERS DE L'ÉTAT-MAJOR.

	PAR JOUR.			PAR MOIS.			PAR AN.
Au Major général de Marine de chaque département de Brest & de Toulon,							
Pour supplément d'appointemens. 1200ˡ							
Pour frais de bureau........ 1500.	7ˡ	10ᶠ	″ᵈ	225ˡ	″ᶠ	″ᵈ	2700ˡ
Au Major général d'Infanterie de chaque département de Brest & de Toulon,							
Pour supplément d'appointemens. 1200.							
Pour frais de bureau........ 1500.	7.	10.	″	225.	″	″	2700.
Au Major de Marine de chaque régiment,							
Pour supplément d'appointemens. 900.							
Pour frais de bureau........ 900.	5.	″	″	150.	″	″	1800.
Au Major d'Infanterie de chaque régiment,							
Pour supplément d'appointemens. 900.							
Pour frais de bureau........ 900.	5.	″	″	150.	″	″	1800.
Au Major en second de Marine de chaque régiment où est attaché le Major général de Marine,							
Pour supplément d'appointemens. 900.							
Pour frais de bureau........ 900.	5.	″	″	150.	″	″	1800.
Au Major en second d'Infanterie de chaque régiment où est attaché le Major général d'Infanterie,							
Pour supplément d'appointemens. 900.							
Pour frais de bureau........ 900.	5.	″	″	150.	″	″	1800.
A chaque Aide-major,							
Pour supplément d'appointemens......	1.	13.	4	50.	″	″	600.

	PAR JOUR.			PAR MOIS.			PAR AN.
A chaque Sous-aide-major, Pour supplément d'appointemens......	1^l	2^f	$2^{d}\frac{2}{3}$	33^l	6^f	8^d	400^l

SOLDE.

	PAR JOUR.			PAR MOIS.			PAR AN.
A chaque Tambour-major........	1.	//	//	30.	//	//	360.
A chaque Tambour des compagnies des Gardes du Pavillon & de la Marine.	//	12.	//	18.	//	//	216.

COMPAGNIES DE BOMBARDIERS.

A chaque	PAR JOUR.			PAR MOIS.			PAR AN.
Fourrier................	1.	3.	//	34.	10.	//	414.
Sergent................	1.	//	10	31.	5.	//	375.
Caporal................	//	14.	8	22.	//	//	264.
Appointé................	//	11.	8	17.	10.	//	210.
Bombardier de la 1.ere classe.	//	9.	8	14.	10.	//	174.
Bombardier de la 2.e classe.	//	7.	2	10.	15.	//	129.
Tambour................	//	9.	2	13.	15.	//	165.

COMPAGNIES DE CANONNIERS.

A chaque	PAR JOUR.			PAR MOIS.			PAR AN.
Fourrier................	1.	2.	//	33.	//	//	396.
Sergent................	//	17.	//	25.	10.	//	306.
Caporal................	//	11.	10	17.	15.	//	213.
Appointé................	//	9.	6	14.	5.	//	171.
Canonnier de la 1.ere classe.	//	6.	10	10.	5.	//	123.
Canonnier de la seconde classe.	//	6.	6	9.	15.	//	117.
Tambour................	//	8.	6	12.	15.	//	153.

COMPAGNIES DE FUSILIERS.

A chaque	PAR JOUR.			PAR MOIS.			PAR AN.
Fourrier................	1.	//	10	31.	5.	//	375.
Sergent................	//	13.	//	19.	10.	//	234.
Caporal................	//	9.	//	13.	10.	//	162.
Appointé................	//	7.	4	11.	//	//	132.
Fusilier................	//	6.	//	9.	//	//	108.
Tambour................	//	8.	//	12.	//	//	144.

18. Janvier 1772

17

44.

Sur la folde réglée à chaque Fourrier, Sergent, Caporal, Appointé, Bombardier, Canonnier, Fufilier & Tambour, il fera affecté feize deniers par chaque Fourrier & Sergent; & huit deniers par chaque Caporal, Appointé, Bombardier, Canonnier, Fufilier & Tambour, pour l'entretien du linge & de la chauffure.

45.

Outre la folde ci-deffus réglée, il fera payé fur le pied de l'effectif des revues, deux fous par jour pour chaque Tambour-major, Fourrier, Sergent & Tambour; & un fou feulement pour chaque Caporal, Appointé, Bombardier, Canonnier & Fufilier des huit régimens; du montant defquels il fera formé une Maffe qui demeurera entre les mains du Tréforier général de la Marine, pour être employée à l'habillement defdits huit régimens, en conféquence des ordres qui feront expédiés par le Secrétaire d'Etat ayant le département de la Marine. Les Majors d'Infanterie veilleront feulement à l'entière exécution de l'habillement dont l'Officier général chargé de l'infpection conftatera l'état chaque année.

46.

A l'égard des réparations journalières de l'habillement, équipement & armement defdits huit régimens, Sa Majefté fera pareillement former fur le pied de l'effectif des revues, une Maffe de cinq livres par chaque homme, par an, laquelle fera remife tous les mois au Major d'Infanterie avec la folde, pour être employée auxdites réparations; & attendu que ladite Maffe feroit infuffifante, relativement aux travaux des ports & arfenaux & autres exercices, il y fera fuppléé au moyen d'un fonds qui fera formé de la moitié de la folde des bas Officiers, Bombardiers, Canonniers & Fufiliers auxquels il aura été accordé des congés de femeftre; & fera tenu le Major d'Infanterie de chaque régiment, de rendre compte chaque année à l'Officier général chargé de l'infpection, de la recette & dépenfe de ladite Maffe.

47.

IL fera en outre payé par an une fomme de cent cinquante livres pour chaque compagnie de Bombardiers & de Canonniers, & de foixante-quinze livres pour chacune de celles des Fufiliers, pour les dépenfes des écoles de théorie & de pratique des Bombardiers, Canonniers & Fufiliers, lefquelles continueront d'être tenues dans la forme ci-devant établie.

48.

LES Tambours feront tenus d'entretenir leur caiffe de peaux & de cordages, & de fe fournir de baguettes fur la folde à eux ci-deffus réglée.

49.

LES revues & montres feront faites tous les mois par les Commiffaires de la Marine prépofés à cet effet, dans la forme prefcrite par les Ordonnances pour les Troupes de Sa Majefté.

50.

LES appointemens des Officiers, & la folde & fubfiftance des Soldats, feront payés tous les mois au Major d'Infanterie, fur fa quittance, d'après la revue du Commiffaire de la Marine, ainfi que le montant de la Maffe des menues réparations journalières de l'habillement, armement & équipement; & à la fuite du décompte qui lui en fera fait, le

18 février 1772.

19

Trésorier sera mention du montant de la Masse de l'habillement, qui restera entre ses mains, & dont il fournira sa
reconnoissance audit Major.

51.

L'UNIFORME desdits huit régimens, sera composé d'un
habit de drap bleu-de-roi, doublure de serge blanche, veste
& culotte blanches, les pattes de l'habit en travers, garnies
de trois boutons, manches en botte, garnies de trois boutons,
sept au revers & trois au-dessous, boutons jaunes avec une
ancre au milieu, & chapeau bordé d'un galon blanc.

A l'égard des paremens, collet & revers, ils seront distingués de la manière qui suit:

SAVOIR:

Régiment de *Brest*, paremens, collet & revers de *drap écarlate*.

Régiment de *Toulon*, paremens, collet & revers de *drap jaune-citron*.

Régiment de *Rochefort*, paremens, collet & revers de *drap vert-de-mer*.

Régiment de *Marseille*, paremens, collet & revers de *drap blanc*.

Régiment de *Bayonne*, paremens, collet & revers de *panne noire*.

Régiment de *Saint-Malo*, paremens, collet & revers de *drap bleu-céleste*.

Régiment de *Bordeaux*, paremens, collet & revers de *panne cramoisie*.

Régiment du *Havre*, paremens, collet & revers de *drap ventre-de-biche*.

52.

LES Fourriers, Sergens, Caporaux & Appointés auront
les mêmes distinctions sur leurs habits, que ceux des autres
Troupes de Sa Majesté; & ceux des Fourriers & Sergens
qui auront eu des mérites de Maîtres-canonniers, auront de
plus un galon d'or de six lignes sur le collet.

53.

LES Bombardiers auront pour distinction deux épaulettes

de la couleur de leurs paremens & revers; & les Canonniers une feule fur l'épaule gauche, ainfi que les Fufiliers qui la porteront en drap bleu. Les Bombardiers & Canonniers de la première claffe, porteront fur le bras gauche; favoir, les Bombardiers, deux bandes de galon de la couleur de leurs paremens & revers, coufues en chevron brifé; & les Canonniers, une feule bande.

54.

L'HABILLEMENT des Tambours-majors & des Tambours, fera à la livrée du Roi, & du même modele que celui qui avoit été accordé à la brigade d'Artillerie & d'Infanterie de la Marine de Brest.

55.

LES Officiers porteront l'uniforme de leur régiment en drap plus fin, & ceux des régimens de Bayonne & de Bordeaux, avec des paremens, collet & revers de velours; & ils auront tous des épaulettes diftinctives de leurs grades:

SAVOIR.

Le Colonel, les Commandans de bataillons, les Majors généraux, les Majors de Marine & d'Infanterie & tous les Capitaines de vaiffeaux, deux épaulettes riches en or, franges à nœuds à la cordeliere, avec deux étoiles en argent pour le Colonel, & une pour ceux des autres Officiers, qui auroient rang de Brigadiers.

Les Majors en fecond, les Aides-major & tous les Lieutenans de vaiffeaux, porteront deux épaulettes à frange unie.

Les Sous-aides-major & les Enfeignes de vaiffeaux, une feule épaulette à frange unie, femblable à celle des Lieutenans de vaiffeaux.

Les Quartiers-maitres & les Porte-drapeaux, au lieu d'épaulettes travaillées, un galon d'or de fix lignes fur l'épaule gauche.

Les Officiers des compagnies des Gardes du Pavillon & de la Marine, & les Gardes, l'uniforme des régimens auxquels ils seront affectés, avec les marques distinctives qui leur ont été ci-devant accordées.

Les Capitaines de brûlot, Lieutenans de frégate, Aides-de-port & Capitaines de flûte, porteront l'uniforme des régimens à la suite desquels ils serviront, avec les marques distinctives à eux accordées.

Le grand uniforme des Officiers, sera le même que celui ci-dessus, & bordé d'un galon d'or brodé de six lignes, avec boutonnières, selon le modèle qui en sera envoyé au Major de chaque régiment.

56.

L'HABILLEMENT, armement & équipement des huit régimens du Corps-royal de Marine, seront fournis pour la première fois par Sa Majesté, en conséquence des ordres qu'Elle fera expédier à cet effet.

57.

SA MAJESTÉ pourvoira également à la dépense de la levée des hommes nécessaires pour la formation desdits régimens, & les frais des recrues continueront d'être à la charge de Sa Majesté.

58.

LES Ordonnances & Règlemens pour le service des régi-mens d'Infanterie & pour celui des Places, seront au surplus exécutés selon leur forme & teneur par rapport aux huit régimens du Corps-royal de Marine, pour les cas qui n'ont pas été prévus par la présente Ordonnance, & en ce qui n'y est pas contraire.

59.

L'ORDONNANCE du 14 septembre 1764, concernant les Gardes du Pavillon & de la Marine; celle du 25 mars

1765, concernant la Marine; le Règlement du 7 juin 1767, & l'Ordonnance du 13 décembre 1767, concernant l'Artillerie, seront pareillement exécutés selon leur forme & teneur en tout ce qui n'est point contraire à la présente Ordonnance, & jusqu'à ce qu'il ait plu à Sa Majesté d'expliquer ses intentions sur les autres parties du service de sa Marine.

MANDE & ordonne Sa Majesté à Mons. le Duc de Penthièvre, Amiral de France, aux Vice-amiraux, Lieutenans généraux, Commandans des ports, Intendans, Chefs-d'escadre, Commissaires généraux & ordinaires de la Marine, de tenir la main à l'exécution de la présente Ordonnance. FAIT à Versailles le dix-huit février mil sept cent soixante-douze. *Signé* LOUIS. *Et plus bas,* BOURGEOIS DE BOYNES.

LE DUC DE PENTHIÈVRE,

Amiral de France, Gouverneur & Lieutenant général pour le Roi en la province de Bretagne.

VU l'Ordonnance du Roi, ci-dessus & des autres parts, à nous adressée: MANDONS aux Vice-amiraux, Lieutenans généraux, Commandans des ports, Intendans, Chefs-d'escadres, Commissaires généraux & ordinaires de la Marine, de l'exécuter & faire exécuter suivant sa forme & teneur. FAIT à Paris, le quatre mars mil sept cent soixante-douze. *Signé* L. J. M. DE BOURBON. *Et plus bas,* Par son Altesse Sérénissime. *Signé* DE GRANDBOURG.